Illustrations: *Wrought Iron and Leaded Glass Railing* courtesy of Christie's Images; *Detail of Wardrobe Door, Hill House, Helensburgh, Stencilled Wallpaper* and *Ladderback Chair, The Hill House, Helensburgh* courtesy of National Trust, Scotland; *Odalisque, The Little Bay, Port Vendres 1927, Roses on a Chequered Ground* and *Stylised Tulips* © Hunterian Art Gallery, University of Glasgow, Mackintosh Collection.

This edition published by
LOMOND BOOKS 1999

First published by
PARRAGON
Queen Street House
4 Queen Street
Bath BA1 1HE

Copyright © Parragon 1999

ISBN 0-94778-254-0

A copy of the CIP data for this book is available from the British Library, upon request.

Printed and bound in Italy

CHARLES RENNIE MACKINTOSH

ADDRESS BOOK

LOMOND BOOKS

ADDRESS   TELEPHONE

ADDRESS   TELEPHONE

ADDRESS   TELEPHONE

ADDRESS   TELEPHONE

ADDRESS   TELEPHONE

ADDRESS   TELEPHONE

ADDRESS   TELEPHONE

ADDRESS   TELEPHONE

....

....

....

ADDRESS   TELEPHONE

....

....

....

ADDRESS   TELEPHONE

....

....

....

ADDRESS   TELEPHONE

....

....

....

ADDRESS   TELEPHONE

....

....

....

ADDRESS   TELEPHONE

....

....

....

ADDRESS   TELEPHONE

....

....

....

A

ADDRESS   TELEPHONE

....

....

....

ADDRESS   TELEPHONE

....

....

....

ADDRESS   TELEPHONE

....

....

....

ADDRESS   TELEPHONE

....

....

....

ADDRESS   TELEPHONE

....

....

....

ADDRESS   TELEPHONE

....

....

....

ADDRESS   TELEPHONE

....

....

....

ADDRESS   TELEPHONE

....

....

....

ADDRESS   TELEPHONE

....

....

....

ADDRESS   TELEPHONE

....

....

....

ADDRESS   TELEPHONE

....

....

....

ADDRESS   TELEPHONE

....

....

....

ADDRESS   TELEPHONE

....

....

....

ADDRESS   TELEPHONE

....

....

....

B

ADDRESS	TELEPHONE

ADDRESS	TELEPHONE

ADDRESS	TELEPHONE

ADDRESS	TELEPHONE

ADDRESS	TELEPHONE

ADDRESS	TELEPHONE

ADDRESS	TELEPHONE

ADDRESS   TELEPHONE

....

....

....

ADDRESS   TELEPHONE

....

....

....

ADDRESS   TELEPHONE

....

....

....

ADDRESS   TELEPHONE

....

....

....

ADDRESS   TELEPHONE

....

....

....

ADDRESS   TELEPHONE

....

....

....

ADDRESS   TELEPHONE

....

....

....

B

ADDRESS   TELEPHONE

ADDRESS   TELEPHONE

ADDRESS   TELEPHONE

ADDRESS   TELEPHONE

ADDRESS   TELEPHONE

ADDRESS   TELEPHONE

ADDRESS   TELEPHONE

ADDRESS   TELEPHONE

ADDRESS   TELEPHONE

ADDRESS   TELEPHONE

ADDRESS   TELEPHONE

ADDRESS   TELEPHONE

ADDRESS   TELEPHONE

ADDRESS   TELEPHONE

C

ADDRESS   TELEPHONE

ADDRESS   TELEPHONE

ADDRESS   TELEPHONE

ADDRESS   TELEPHONE

ADDRESS   TELEPHONE

ADDRESS   TELEPHONE

ADDRESS   TELEPHONE

ADDRESS   TELEPHONE

ADDRESS   TELEPHONE

ADDRESS   TELEPHONE

ADDRESS   TELEPHONE

ADDRESS   TELEPHONE

ADDRESS   TELEPHONE

ADDRESS   TELEPHONE

C

ADDRESS   TELEPHONE

ADDRESS   TELEPHONE

ADDRESS   TELEPHONE

ADDRESS   TELEPHONE

ADDRESS   TELEPHONE

ADDRESS   TELEPHONE

ADDRESS   TELEPHONE

D

ADDRESS   TELEPHONE

ADDRESS   TELEPHONE

ADDRESS   TELEPHONE

ADDRESS   TELEPHONE

ADDRESS   TELEPHONE

ADDRESS   TELEPHONE

ADDRESS   TELEPHONE

ADDRESS   TELEPHONE

D

ADDRESS   TELEPHONE

ADDRESS   TELEPHONE

ADDRESS   TELEPHONE

ADDRESS   TELEPHONE

ADDRESS   TELEPHONE

ADDRESS   TELEPHONE

D

ADDRESS   TELEPHONE

....

....

....

ADDRESS   TELEPHONE

....

....

....

ADDRESS   TELEPHONE

....

....

....

ADDRESS   TELEPHONE

....

....

....

ADDRESS   TELEPHONE

....

....

....

ADDRESS   TELEPHONE

....

....

....

ADDRESS   TELEPHONE

....

....

....

ADDRESS   TELEPHONE

....

....

....

ADDRESS   TELEPHONE

....

....

....

ADDRESS   TELEPHONE

....

....

....

ADDRESS   TELEPHONE

....

....

....

ADDRESS   TELEPHONE

....

....

....

ADDRESS   TELEPHONE

....

....

....

ADDRESS   TELEPHONE

....

....

....

E

ADDRESS   TELEPHONE
....
....
....

ADDRESS   TELEPHONE
....
....
....

ADDRESS   TELEPHONE
....
....
....

ADDRESS   TELEPHONE
....
....
....

ADDRESS   TELEPHONE
....
....
....

ADDRESS   TELEPHONE
....
....
....

ADDRESS   TELEPHONE
....
....
....

ADDRESS   TELEPHONE

E

ADDRESS   TELEPHONE

ADDRESS   TELEPHONE

ADDRESS   TELEPHONE

ADDRESS   TELEPHONE

ADDRESS   TELEPHONE

ADDRESS   TELEPHONE

E

ADDRESS   TELEPHONE
....

....

....

ADDRESS   TELEPHONE
....

....

....

ADDRESS   TELEPHONE
....

....

....

ADDRESS   TELEPHONE
....

....

....

ADDRESS   TELEPHONE
....

....

....

ADDRESS   TELEPHONE
....

....

....

ADDRESS   TELEPHONE
....

....

....

ADDRESS   TELEPHONE

ADDRESS   TELEPHONE

E

ADDRESS   TELEPHONE

ADDRESS   TELEPHONE

ADDRESS   TELEPHONE

ADDRESS   TELEPHONE

ADDRESS   TELEPHONE

ADDRESS

TELEPHONE

ADDRESS

TELEPHONE

F

ADDRESS

TELEPHONE

ADDRESS

TELEPHONE

ADDRESS

TELEPHONE

ADDRESS

TELEPHONE

ADDRESS

TELEPHONE

ADDRESS   TELEPHONE

....

....

....

ADDRESS   TELEPHONE

F

....

....

....

ADDRESS   TELEPHONE

....

....

....

ADDRESS   TELEPHONE

....

....

....

ADDRESS   TELEPHONE

....

....

....

ADDRESS   TELEPHONE

....

....

....

ADDRESS   TELEPHONE

....

....

....

ADDRESS   TELEPHONE
....

....

....

ADDRESS   TELEPHONE
....

....

....

ADDRESS   TELEPHONE
....

....

....

ADDRESS   TELEPHONE
....

....

....

ADDRESS   TELEPHONE
....

....

....

ADDRESS   TELEPHONE
....

....

....

ADDRESS   TELEPHONE
....

....

....

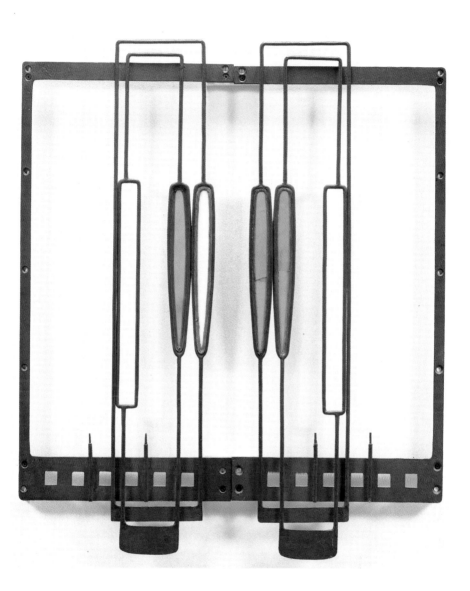

G

ADDRESS   TELEPHONE

ADDRESS   TELEPHONE

ADDRESS   TELEPHONE

ADDRESS   TELEPHONE

ADDRESS   TELEPHONE

ADDRESS   TELEPHONE

ADDRESS   TELEPHONE

ADDRESS   TELEPHONE

ADDRESS   TELEPHONE

ADDRESS   TELEPHONE

ADDRESS   TELEPHONE

ADDRESS   TELEPHONE

ADDRESS   TELEPHONE

ADDRESS   TELEPHONE

G

ADDRESS   TELEPHONE

....

....

....

ADDRESS   TELEPHONE

....

....

....

ADDRESS   TELEPHONE

....

....

....

ADDRESS   TELEPHONE

....

....

....

ADDRESS   TELEPHONE

....

....

....

ADDRESS   TELEPHONE

....

....

....

ADDRESS   TELEPHONE

....

....

....

ADDRESS

TELEPHONE

ADDRESS

TELEPHONE

G

ADDRESS

TELEPHONE

ADDRESS

TELEPHONE

ADDRESS

TELEPHONE

ADDRESS

TELEPHONE

ADDRESS

TELEPHONE

ADDRESS   TELEPHONE

....

....

....

ADDRESS   TELEPHONE

....

....

....

H

ADDRESS   TELEPHONE

....

....

....

ADDRESS   TELEPHONE

....

....

....

ADDRESS   TELEPHONE

....

....

....

ADDRESS   TELEPHONE

....

....

....

ADDRESS   TELEPHONE

....

....

....

ADDRESS

TELEPHONE

ADDRESS

TELEPHONE

H

ADDRESS

TELEPHONE

ADDRESS

TELEPHONE

ADDRESS

TELEPHONE

ADDRESS

TELEPHONE

ADDRESS

TELEPHONE

ADDRESS   TELEPHONE

ADDRESS   TELEPHONE

H

ADDRESS   TELEPHONE

ADDRESS   TELEPHONE

ADDRESS   TELEPHONE

ADDRESS   TELEPHONE

ADDRESS   TELEPHONE

ADDRESS   TELEPHONE

....

....

....

ADDRESS   TELEPHONE

....

....

....

ADDRESS   TELEPHONE

....

....

....

ADDRESS   TELEPHONE

....

....

....

ADDRESS   TELEPHONE

....

....

....

ADDRESS   TELEPHONE

....

....

....

ADDRESS   TELEPHONE

....

....

....

ADDRESS

TELEPHONE

....

....

....

ADDRESS

TELEPHONE

....

....

....

ADDRESS

TELEPHONE

....

....

....

ADDRESS

TELEPHONE

....

....

....

ADDRESS

TELEPHONE

....

....

....

ADDRESS

TELEPHONE

....

....

....

ADDRESS

TELEPHONE

....

....

....

ADDRESS   TELEPHONE

....

....

....

ADDRESS   TELEPHONE

....

....

....

ADDRESS   TELEPHONE

....

J

....

....

ADDRESS   TELEPHONE

....

....

....

ADDRESS   TELEPHONE

....

....

....

ADDRESS   TELEPHONE

....

....

....

ADDRESS   TELEPHONE

....

....

....

ADDRESS   TELEPHONE

ADDRESS   TELEPHONE

ADDRESS   TELEPHONE

J

ADDRESS   TELEPHONE

ADDRESS   TELEPHONE

ADDRESS   TELEPHONE

ADDRESS   TELEPHONE

ADDRESS   TELEPHONE

....

....

....

ADDRESS   TELEPHONE

....

....

....

ADDRESS   TELEPHONE

....

....

K

....

ADDRESS   TELEPHONE

....

....

....

ADDRESS   TELEPHONE

....

....

....

ADDRESS   TELEPHONE

....

....

....

ADDRESS   TELEPHONE

....

....

....

ADDRESS

TELEPHONE

ADDRESS

TELEPHONE

ADDRESS

TELEPHONE

K

ADDRESS

TELEPHONE

ADDRESS

TELEPHONE

ADDRESS

TELEPHONE

ADDRESS

TELEPHONE

ADDRESS   TELEPHONE

ADDRESS   TELEPHONE

ADDRESS   TELEPHONE

K

ADDRESS   TELEPHONE

ADDRESS   TELEPHONE

ADDRESS   TELEPHONE

ADDRESS   TELEPHONE

ADDRESS   TELEPHONE

....

....

ADDRESS   TELEPHONE

....

....

ADDRESS   TELEPHONE

....

....

K

ADDRESS   TELEPHONE

....

....

ADDRESS   TELEPHONE

....

....

ADDRESS   TELEPHONE

....

....

ADDRESS   TELEPHONE

....

....

ADDRESS   TELEPHONE
....

....

....

ADDRESS   TELEPHONE
....

....

....

ADDRESS   TELEPHONE
....

....

....

L

ADDRESS   TELEPHONE
....

....

....

ADDRESS   TELEPHONE
....

....

....

ADDRESS   TELEPHONE
....

....

....

ADDRESS   TELEPHONE
....

....

....

ADDRESS   TELEPHONE

....

....

....

ADDRESS   TELEPHONE

....

....

....

ADDRESS   TELEPHONE

....

....

....

ADDRESS   TELEPHONE

....

....

....

ADDRESS   TELEPHONE

....

....

....

ADDRESS   TELEPHONE

....

....

....

ADDRESS   TELEPHONE

....

....

....

L

L

ADDRESS   TELEPHONE

ADDRESS   TELEPHONE

ADDRESS   TELEPHONE

ADDRESS   TELEPHONE

ADDRESS   TELEPHONE

ADDRESS   TELEPHONE

ADDRESS   TELEPHONE

ADDRESS   TELEPHONE

....

....

....

ADDRESS   TELEPHONE

....

....

....

ADDRESS   TELEPHONE

....

....

....

ADDRESS   TELEPHONE

M

....

....

....

ADDRESS   TELEPHONE

....

....

....

ADDRESS   TELEPHONE

....

....

....

ADDRESS   TELEPHONE

....

....

....

ADDRESS

TELEPHONE

....

....

....

ADDRESS

TELEPHONE

....

....

....

ADDRESS

TELEPHONE

....

....

....

ADDRESS

TELEPHONE

....

M

....

....

ADDRESS

TELEPHONE

....

....

....

ADDRESS

TELEPHONE

....

....

....

ADDRESS

TELEPHONE

....

....

....

ADDRESS   TELEPHONE

....

....

....

ADDRESS   TELEPHONE

....

....

....

ADDRESS   TELEPHONE

....

....

....

M

ADDRESS   TELEPHONE

....

....

....

ADDRESS   TELEPHONE

....

....

....

ADDRESS   TELEPHONE

....

....

....

ADDRESS   TELEPHONE

....

....

....

ADDRESS   TELEPHONE

ADDRESS   TELEPHONE

ADDRESS   TELEPHONE

ADDRESS   TELEPHONE

M

ADDRESS   TELEPHONE

ADDRESS   TELEPHONE

ADDRESS   TELEPHONE

ADDRESS   TELEPHONE
....
....
....

ADDRESS   TELEPHONE
....
....
....

ADDRESS   TELEPHONE
....
....
....

ADDRESS   TELEPHONE
....
....
....

N

ADDRESS   TELEPHONE
....
....
....

ADDRESS   TELEPHONE
....
....
....

ADDRESS   TELEPHONE
....
....
....

ADDRESS   TELEPHONE

....

....

....

ADDRESS   TELEPHONE

....

....

....

ADDRESS   TELEPHONE

....

....

....

ADDRESS   TELEPHONE

....

....

....

ADDRESS   TELEPHONE

....

....

....

ADDRESS   TELEPHONE

....

....

....

ADDRESS   TELEPHONE

....

....

....

ADDRESS   TELEPHONE

....

....

....

ADDRESS   TELEPHONE

....

....

....

ADDRESS   TELEPHONE

....

....

....

ADDRESS   TELEPHONE

....

N

....

....

ADDRESS   TELEPHONE

....

....

....

ADDRESS   TELEPHONE

....

....

....

ADDRESS   TELEPHONE

....

....

....

ADDRESS .... TELEPHONE ....

....

....

ADDRESS .... TELEPHONE ....

....

....

ADDRESS .... TELEPHONE ....

....

....

ADDRESS .... TELEPHONE ....

....

....

N

ADDRESS .... TELEPHONE ....

....

....

ADDRESS .... TELEPHONE ....

....

....

ADDRESS .... TELEPHONE ....

....

....

ADDRESS   TELEPHONE

....

....

....

ADDRESS   TELEPHONE

....

....

....

ADDRESS   TELEPHONE

....

....

....

ADDRESS   TELEPHONE

....

....

....

ADDRESS   TELEPHONE

....

....

....

ADDRESS   TELEPHONE

....

....

....

ADDRESS   TELEPHONE

....

....

....

ADDRESS   TELEPHONE

....

....

....

ADDRESS   TELEPHONE

....

....

....

ADDRESS   TELEPHONE

....

....

....

ADDRESS   TELEPHONE

....

....

....

ADDRESS   TELEPHONE

....

....

....

ADDRESS   TELEPHONE

....

....

....

ADDRESS   TELEPHONE

....

....

....

ADDRESS   TELEPHONE

....

....

....

ADDRESS   TELEPHONE

....

....

....

ADDRESS   TELEPHONE

....

....

....

ADDRESS   TELEPHONE

....

....

....

ADDRESS   TELEPHONE

....

....

....

ADDRESS   TELEPHONE

....

....

....

ADDRESS   TELEPHONE

....

....

....

ADDRESS   TELEPHONE
....
....
....

ADDRESS   TELEPHONE
....
....
....

ADDRESS   TELEPHONE
....
....
....

ADDRESS   TELEPHONE
....
....
....

ADDRESS   TELEPHONE
....
....
....

ADDRESS   TELEPHONE
....
....
....

ADDRESS   TELEPHONE
....
....
....

ADDRESS   TELEPHONE

....

....

....

ADDRESS   TELEPHONE

....

....

....

ADDRESS   TELEPHONE

....

....

....

ADDRESS   TELEPHONE

....

....

....

P

ADDRESS   TELEPHONE

....

....

....

ADDRESS   TELEPHONE

....

....

....

ADDRESS   TELEPHONE

....

....

....

ADDRESS   TELEPHONE

....

....

....

ADDRESS   TELEPHONE

....

....

....

ADDRESS   TELEPHONE

....

....

....

ADDRESS   TELEPHONE

....

....

....

ADDRESS   TELEPHONE

....

P

....

....

ADDRESS   TELEPHONE

....

....

....

ADDRESS   TELEPHONE

....

....

....

ADDRESS   TELEPHONE

....

....

....

ADDRESS   TELEPHONE

....

....

....

ADDRESS   TELEPHONE

....

....

....

ADDRESS   TELEPHONE

....

....

....

ADDRESS   TELEPHONE

....

....

....

ADDRESS   TELEPHONE

....

....

....

ADDRESS   TELEPHONE

....

....

....

ADDRESS   TELEPHONE

....

....

....

ADDRESS   TELEPHONE

....

....

....

ADDRESS   TELEPHONE

....

....

....

ADDRESS   TELEPHONE

....

....

....

ADDRESS   TELEPHONE

....

Q

....

....

ADDRESS   TELEPHONE

....

....

....

ADDRESS   TELEPHONE

....

....

....

ADDRESS

TELEPHONE

ADDRESS

TELEPHONE

ADDRESS

TELEPHONE

ADDRESS

TELEPHONE

ADDRESS

TELEPHONE

Q

ADDRESS

TELEPHONE

ADDRESS

TELEPHONE

ADDRESS   TELEPHONE

....

....

....

ADDRESS   TELEPHONE

....

....

....

ADDRESS   TELEPHONE

....

....

....

ADDRESS   TELEPHONE

....

....

....

ADDRESS   TELEPHONE

....

....

R

....

ADDRESS   TELEPHONE

....

....

....

ADDRESS   TELEPHONE

....

....

....

ADDRESS   TELEPHONE

....

....

....

ADDRESS   TELEPHONE

....

....

....

ADDRESS   TELEPHONE

....

....

....

ADDRESS   TELEPHONE

....

....

....

ADDRESS   TELEPHONE

....

....

....

R

ADDRESS   TELEPHONE

....

....

....

ADDRESS   TELEPHONE

....

....

....

ADDRESS   TELEPHONE

....

....

....

ADDRESS   TELEPHONE

....

....

....

ADDRESS   TELEPHONE

....

....

....

ADDRESS   TELEPHONE

....

....

....

ADDRESS   TELEPHONE

....

....

R

ADDRESS   TELEPHONE

....

....

....

ADDRESS   TELEPHONE

....

....

....

ADDRESS   TELEPHONE

....

....

....

ADDRESS   TELEPHONE

....

....

....

ADDRESS   TELEPHONE

....

....

....

ADDRESS   TELEPHONE

....

....

....

ADDRESS   TELEPHONE

....

....

....

S

ADDRESS   TELEPHONE

....

....

....

ADDRESS   TELEPHONE

....

....

....

ADDRESS   TELEPHONE

ADDRESS   TELEPHONE

ADDRESS   TELEPHONE

ADDRESS   TELEPHONE

ADDRESS   TELEPHONE

ADDRESS   TELEPHONE

S

ADDRESS   TELEPHONE

ADDRESS   TELEPHONE

....

....

....

ADDRESS   TELEPHONE

....

....

....

ADDRESS   TELEPHONE

....

....

....

ADDRESS   TELEPHONE

....

....

....

ADDRESS   TELEPHONE

....

....

....

S

ADDRESS   TELEPHONE

....

....

....

ADDRESS   TELEPHONE

....

....

....

ADDRESS   TELEPHONE
....

....

....

ADDRESS   TELEPHONE
....

....

....

ADDRESS   TELEPHONE
....

....

....

ADDRESS   TELEPHONE
....

....

....

ADDRESS   TELEPHONE
....

....

....

ADDRESS   TELEPHONE
....

....

....

ADDRESS   TELEPHONE
....

....

....

S

ADDRESS   TELEPHONE

....

....

....

ADDRESS   TELEPHONE

....

....

....

ADDRESS   TELEPHONE

....

....

....

ADDRESS   TELEPHONE

....

....

....

ADDRESS   TELEPHONE

....

....

....

ADDRESS   TELEPHONE

T

....

....

....

ADDRESS   TELEPHONE

....

....

....

ADDRESS   TELEPHONE

....

....

....

ADDRESS   TELEPHONE

....

....

....

ADDRESS   TELEPHONE

....

....

....

ADDRESS   TELEPHONE

....

....

....

ADDRESS   TELEPHONE

....

....

....

ADDRESS   TELEPHONE

....

T

....

....

ADDRESS   TELEPHONE

....

....

....

ADDRESS   TELEPHONE
....
....
....

ADDRESS   TELEPHONE
....
....
....

ADDRESS   TELEPHONE
....
....
....

ADDRESS   TELEPHONE
....
....
....

ADDRESS   TELEPHONE
....
....
....

ADDRESS   TELEPHONE
....
....
....

ADDRESS   TELEPHONE
....
....
....

T

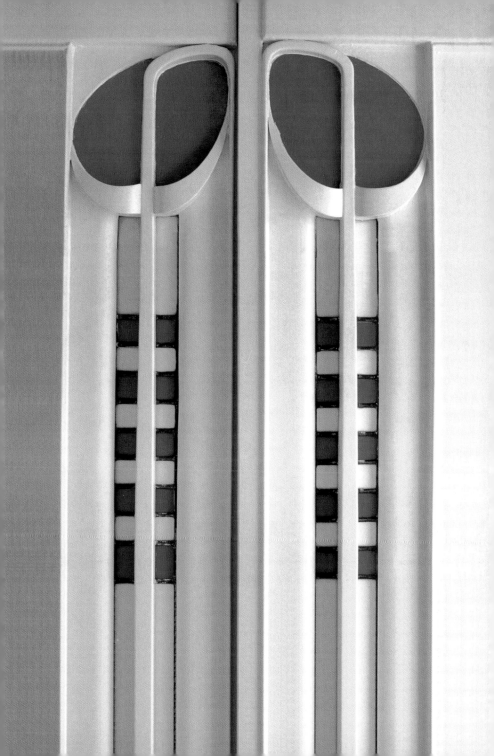

ADDRESS   TELEPHONE

....

....

....

ADDRESS   TELEPHONE

....

....

....

ADDRESS   TELEPHONE

....

....

....

ADDRESS   TELEPHONE

....

....

....

ADDRESS   TELEPHONE

....

....

....

ADDRESS   TELEPHONE

....

U

....

....

ADDRESS   TELEPHONE

....

....

....

ADDRESS   TELEPHONE

....

....

....

ADDRESS   TELEPHONE

....

....

....

ADDRESS   TELEPHONE

....

....

....

ADDRESS   TELEPHONE

....

....

....

ADDRESS   TELEPHONE

....

....

....

ADDRESS   TELEPHONE

....

....

....

U

ADDRESS   TELEPHONE

....

....

....

ADDRESS   TELEPHONE
....
....
....

ADDRESS   TELEPHONE
....
....
....

ADDRESS   TELEPHONE
....
....
....

ADDRESS   TELEPHONE
....
....
....

ADDRESS   TELEPHONE
....
....
....

ADDRESS   TELEPHONE
....
....
....

V

ADDRESS   TELEPHONE
....
....
....

ADDRESS   TELEPHONE

....

....

....

ADDRESS   TELEPHONE

....

....

....

ADDRESS   TELEPHONE

....

....

....

ADDRESS   TELEPHONE

....

....

....

ADDRESS   TELEPHONE

....

....

....

ADDRESS   TELEPHONE

....

....

....

ADDRESS   TELEPHONE

V

....

....

....

ADDRESS   TELEPHONE
....
....
....

ADDRESS   TELEPHONE
....
....
....

ADDRESS   TELEPHONE
....
....
....

ADDRESS   TELEPHONE
....
....
....

ADDRESS   TELEPHONE
....
....
....

ADDRESS   TELEPHONE
....
....
....

ADDRESS   TELEPHONE
....
....
....

ADDRESS

TELEPHONE

....

....

....

ADDRESS

TELEPHONE

....

....

....

ADDRESS

TELEPHONE

....

....

....

ADDRESS

TELEPHONE

....

....

....

ADDRESS

TELEPHONE

....

....

....

ADDRESS

TELEPHONE

....

....

....

ADDRESS

TELEPHONE

W

....

....

....

ADDRESS   TELEPHONE

....

....

....

ADDRESS   TELEPHONE

....

....

....

ADDRESS   TELEPHONE

....

....

....

ADDRESS   TELEPHONE

....

....

....

ADDRESS   TELEPHONE

....

....

....

ADDRESS   TELEPHONE

....

....

....

W

ADDRESS   TELEPHONE

....

....

....

ADDRESS   TELEPHONE
....
....
....

ADDRESS   TELEPHONE
....
....
....

ADDRESS   TELEPHONE
....
....
....

ADDRESS   TELEPHONE
....
....
....

ADDRESS   TELEPHONE
....
....
....

ADDRESS   TELEPHONE
....
....
....

ADDRESS   TELEPHONE
....
....
....

W

ADDRESS   TELEPHONE

....

....

....

ADDRESS   TELEPHONE

....

....

....

ADDRESS   TELEPHONE

....

....

....

ADDRESS   TELEPHONE

....

....

....

ADDRESS   TELEPHONE

....

....

....

ADDRESS   TELEPHONE

....

....

....

ADDRESS   TELEPHONE

....

X

....

....

ADDRESS   TELEPHONE
....
....
....

ADDRESS   TELEPHONE
....
....
....

ADDRESS   TELEPHONE
....
....
....

ADDRESS   TELEPHONE
....
....
....

ADDRESS   TELEPHONE
....
....
....

ADDRESS   TELEPHONE
....
....
....

ADDRESS   TELEPHONE
....
....

Y

ADDRESS   TELEPHONE
....

....

....

ADDRESS   TELEPHONE
....

....

....

ADDRESS   TELEPHONE
....

....

....

ADDRESS   TELEPHONE
....

....

....

ADDRESS   TELEPHONE
....

....

....

ADDRESS   TELEPHONE
....

....

....

ADDRESS   TELEPHONE
....

....

....

Y

ADDRESS

TELEPHONE

....

....

....

ADDRESS

TELEPHONE

....

....

....

ADDRESS

TELEPHONE

....

....

....

ADDRESS

TELEPHONE

....

....

....

ADDRESS

TELEPHONE

....

....

....

ADDRESS

TELEPHONE

....

....

....

ADDRESS

TELEPHONE

....

....

....

Z

ADDRESS   TELEPHONE

....

....

ADDRESS   TELEPHONE

....

....

ADDRESS   TELEPHONE

....

....

ADDRESS   TELEPHONE

....

....

ADDRESS   TELEPHONE

....

....

ADDRESS   TELEPHONE

....

....

ADDRESS   TELEPHONE

....

....

Z